Henning Pawel · Karin Schliehe / Bernhard Mark

Katzengeschichten

Dieses Buch gehört:

_____

Henning Pawel

Katzengeschichten

Mit Bildern von
Karin Schliehe und Bernhard Mark

Ravensburger Buchverlag

**Die Schreibweise entspricht den Regeln
der neuen Rechtschreibung.**

1 2 3 4   06 05 04 03

Ravensburger Blauer Rabe – Leserabe
© 2003 Ravensburger Buchverlag Otto Maier GmbH
Umschlagbild: Karin Schliehe/Bernhard Mark
Redaktion: Burkhard Heiland
Printed in Germany
ISBN 3-473-34461-3

www.ravensburger.de

Inhalt

Brummikatze Therese ——————— 7

Die überflüssige Malwine ——————— 25

Das Katzenfest ——————————— 41

Brummikatze Therese

Ein junger Mann, er heißt Ferdinand, hat einen Lastwagen. So ein mächtig großer, richtiger Brummi. Damit ist er schon um die halbe Welt gefahren. Und immer, auf all seinen Touren, bekommt Ferdinand über das Handy total witzige Anrufe seiner Frau. Sie heißt übrigens Brummhilde, was echt gut zu Brummi passt. „Hallo Schatz, vergiss mich nicht", sagt Brummhilde immer ins Telefon und vor allem vergiss nicht, mir endlich mal was mitzubringen."

„Mein Gedächtnis", stöhnt Ferdinand dann sofort erschrocken ins Handy.

„Es geht hier nicht um dein Gedächtnis", erwidert Brummhilde ihm darauf immer spöttisch. „Um deine Brieftasche geht es dir. Lass dir eines sagen, mein Schatz, du sparst am falschen Platz."

„Ich spare nie mehr falsch, meine liebste Brummhilde", verspricht Ferdinand dann immer feierlich, dieses Mal bringe ich etwas einmalig Schönes für dich mit."

Doch wegen des ganzen Stresses unterwegs vergisst er ständig seine Versprechen und hat für Brummhilde niemals auch nur das kleinste Geschenk.

8

Eines Tages im Mai, die Sonne schien warm auf
das mächtige Schiebedach des Brummis, war
Ferdinand nach einer langen Tour wieder einmal
auf dem Heimweg. Er hatte schwere Lasten
gefahren, Kisten und Kästen, Säcke und Ballen.
Es war schon Abend und weil er gewaltig Hunger
und Durst bekam, fuhr er zu einem Gasthaus,
parkte seinen Brummi und ging essen. Während
Ferdinand beim Essen saß, passierte etwas
sehr Schönes. Eine Straßenkatze, frei wie
der Wind, ohne Menschen, zu denen sie
gehörte, also auch ohne Zuhause, bekam
Kinder. Therese, so hieß die werdende
Katzenmutter, machte gerade einen Spazier-
gang, da spürte sie, dass es jeden Augenblick
bei ihr losgehen würde mit dem Kinderkriegen.
„Lieber, guter Katzengott", dachte Therese, „was
soll ich jetzt nur machen, hier mitten im Verkehr.
Ich bin zwar eine Straßenkatze und werde wohl
auch immer eine bleiben – aber müssen deshalb
meine Jungen nun auch hier auf der Straße
geboren werden und von Anfang an Straßenkinder

sein?" Zum Glück kam die Katze gerade an Ferdinands Laster vorbei, und weil der Brummifahrer wegen der Maihitze das Schiebedach seines Wagens offen gelassen hatte, gelang es Therese, trotz ihres dicken Bauches in das Fahrerhaus und von dort aus in die Schlafkabine des Lasters zu klettern. Es dauerte nun auch gar nicht mehr lange, da kamen die Jungen zur Welt, drei winzige Kätzchen, denen Therese die Namen Adelheid, Manfred und Osborne gab.

Nach zwei Stunden kam Brummifahrer Ferdinand mit gefülltem Bauch vom Essen zurück. Er war voller Tatendrang, weil es ihm so gut geschmeckt hatte, und warf nun freudig den gewaltigen Brummi an. Der Katze Therese aber, die mit ihrer ganzen Familie hinten in der Schlafkabine lag, war auf einmal gar nicht mehr freudig zu Mute. Denn sie bemerkte, dass die Koje, in der sie so herrlich weich und kuschelig lag, plötzlich anfing zu ruckeln und zu zuckeln. Vorsichtig sah Therese hinter dem Vorhang der Schlafkabine hervor und augenblicklich durchfuhr sie ein solcher Schreck, dass

sich ihr
sämtliche
Katzenhaare sträubten.
Sie erblickte nämlich
jede Menge Autos, die
in sagenhaftem Tempo an ihnen vorbeirasten.

Auch der Brummi wurde jetzt immer schneller
und donnerte bald mit Höchstgeschwindigkeit
über die Autobahn.
Therese überlegte schwer, ob sie nicht dennoch
alles riskieren und durch das geöffnete Dach des
Brummis hinausspringen sollte. Aber was wäre
dann aus ihren Kleinen geworden? So entschloss
sich die Katze schweren Herzens, in der ruckelnden
und zuckelnden Schlafkabine zu bleiben und
abzuwarten. Vielleicht würde sie ja die nächste

Haltepause nutzen können, um unbemerkt zu entwischen. Natürlich nur zusammen mit ihren Jungen Adelheid, Osborne und Manfred. Doch Therese musste ewig auf die nächste Pause warten. Denn Ferdinand war total ausgeruht, pfiff ein Lied nach dem anderen und gab so richtig Gas. Sieben Stunden lang fuhr Ferdinand ohne Unterbrechung. Zwischendurch erhielt er einen Anruf von seiner Brummhilde.

„Vergiss mich nicht mein lieber Schatz", sagte sie mal wieder zu ihrem Mann, „und vor allem vergiss wenigstens dieses Mal nicht, mir was Schönes mitzubringen."

„Wo werd ich dich vergessen", sagte Ferdinand und machte sich sofort einen Knoten in sein Taschentuch, damit er um Himmelswillen nicht schon wieder Brummhildes Mitbringsel vergessen würde. Doch leider, er hatte sein Versprechen kaum ausgesprochen, da vergaß er es doch schon wieder.

Dann wurde Ferdinand mächtig müde. „Jetzt wird ein Stündchen geschlafen, alter Junge", sagte er zu seinem Laster und fuhr auf einen Rastplatz. Dem Brummi war das recht. Er war nach der langen Fahrt nun auch müde geworden. Ferdinand stellte den riesigen Sattelschlepper an die Seite und gähnte kräftig. „Schlafkoje, ich komme", rief er genießerisch aus und kletterte nach hinten.

Er wollte sich schon mit einem Plumps auf die Matratze fallen lassen, doch zum Glück gab Therese noch rechtzeitig Laut. Sie maunzte:

„Vorsicht Mann, sonst machst du uns platt." Die Katzen wurden nun zwar nicht platt, aber dafür war es Ferdinand. Er sah sich die Bescherung in seiner Schlafkabine an und sagte erst einmal:

„Ach du meine Güte." Und dann fragte er Therese:
„Warum, um Himmels willen, hast du bloß aus-
gerechnet hier bei mir deine Katzenkinder auf die
Welt bringen müssen?"

„Wo, bitte, hättest du denn gern deine Kinder
bekommen", fragte Therese zurück.

„Nirgends", erwiderte Ferdinand. „Ich bin ein Mann
und kriege keine Kinder."

„Pech für dich", sagte Therese. „Es gibt nämlich
auf der Welt nichts Schöneres, als Kinder zu
bekommen, jedenfalls Katzenkinder."

„Und es gibt nichts Schwereres, als sie wieder
loszuwerden", seufzte Ferdinand. Die Aufregung
hatte ihm jede Lust auf ein Nickerchen genommen
und statt schlafen zu gehen fuhr er weiter. An
der nächsten Tankstelle aber hielt er an, nahm
Therese und ihre Jungen vorsichtig hoch, steckte
sie in seine große Umhängetasche, zog sachte
den Reißverschluss bis auf eine kleine Öffnung zu
und stieg damit aus. Er tankte seinen Brummi voll
und stellte dabei vorsichtig die Umhängetasche
neben der Zapfsäule ab. Dann sprang Ferdinand

in seine Fahrerkabine, startete den Motor und fuhr ganz schnell weiter. „Die sind wir los, alter Junge", sagte er zu seinem Brummi. Doch der gab ihm keine Antwort, er hatte nichts gegen Katzen und fand es gar nicht nett, was sein Chef mit Therese und ihren Kindern gemacht hatte. Plötzlich aber wurde der Laster von einem blitzschnellen Motorrad, auf dem eine schöne, junge Polizistin saß, angehalten. „Vermissen Sie nichts?", fragte die Polizistin streng.

„Nur meine Frau, sonst nicht die Bohne", erwiderte Ferdinand, weil er ja wirklich nichts vermisste.

„Und diese Tasche hier?", fragte die Polizistin. „Die haben sie doch eben an der Tankstelle vergessen. Ein Glück, dass es aufmerksame Menschen gibt, die Ihre Vergesslichkeit bemerkten und die Polizei gerufen haben. Sonst wäre die Tasche vielleicht noch gestohlen worden und sie hätten sich furchtbar geärgert."

„Hätte ich bestimmt nicht", wollte Ferdinand schon sagen. Er ließ es aber lieber sein. Die Polizistin fuhr weiter und Ferdinand hatte die Katzen zurück.

„Was soll ich bloß mit euch machen?", fragte er und packte die ganze Gesellschaft wieder aus.

„Mit Katzen kann man eine Menge machen", sagte Therese, die froh war, wieder in der Brummikoje zu liegen, und begann ihre Kinder zu füttern. „Zum Beispiel sehr glücklich sein."

In diesem Moment läutete das Handy. Natürlich war Brummhilde wieder mal am Telefon und sie fragte: „Wie weit hast du es noch nach Hause, Liebster?"

„Nur noch ein paar Stunden", sagte Ferdinand.
„Dann bin ich endlich da."

„Ich bin schon echt gespannt darauf, was du für mich dabei hast", sagte Brummhilde.

„Das kannst du auch sein, Liebste", erwiderte Ferdinand. „Es wird dir total die Luft nehmen." Er legte auf und nahm sich sofort vor, an der nächsten Autobahnabfahrt abzubiegen und irgendetwas Superherrliches für seine Brummhilde zu kaufen. Ein spannendes Buch zum Beispiel, denn Brummhilde las für ihr Leben gerne. Oder ein ganzes Kilo Leberkäse, den sie für ihr Leben gerne aß. Ferdinand aber aß Leberkäse noch viel lieber. Das Buch kaufte er nämlich nicht, dafür aber in einer Fleischerei zwei Kilo Leberkäse, die so herrlich dufteten, dass Ferdinand, nachdem er wieder auf der Autobahn war, nicht widerstehen konnte. Er packte die Delikatesse aus und begann mächtig zu futtern. Ein Stück Leberkäse nach dem anderen.

„Isst du eigentlich immer allein", fragte Brummikatze Therese Ihn sehr vorwurfsvoll von hinten.

„Entschuldigung", sagte Ferdinand verlegen und

teilte ab sofort jeden Bissen mit der Katzenfrau.
Und wie es den beiden schmeckte! „Himmlisch",
stöhnte Therese, als das letzte Gramm der zwei
Kilo verputzt war. „Überaus köstlich", sagte auch
Ferdinand. Er rülpste aus Versehen zweimal laut
und sagte nun schon wieder: „Entschuldigung"
zur Katze Therese. Er hatte völlig vergessen, dass
der Leberkäse ein Geschenk für seine liebe Frau
sein sollte.
Erst als er zu Hause
angekommen war
und ihm Brummhilde
sieben dicke Küsse
zur Begrüßung
gab, fiel es ihm
wieder ein.

Ferdinand wäre am liebsten in den Boden
versunken. Denn seine Frau fragte nach dem
letzten Kuss voller Erwartung:
„Und wo ist jetzt
mein Geschenk,
Ferdi?"

Da hörte sie doch plötzlich eine maunzende
Stimme und die gehörte der Katzenmutter Therese.
„Wir sind das Geschenk."
„Wer ist denn wir?", fragte Brummhilde neugierig.
„Och", sagte Ferdinand so ganz nebenbei, „nur
vier Katzen. Eine große und drei kleine."
„Himmlisch", jubelte Brummhilde. „Ich wünsche
mir schon ewig wenigstens eine einzige Katze.
Und du, mein Liebster, bringst mir gleich vier. Was
ist das für ein herrliches Geschenk und was sind
das für wunderschöne Katzen!"
„Du freust dich also darüber?", fragte Ferdinand.
„Und wie ich mich freue", jubelte Brummhilde.
„Katzen kann man gar nicht genug haben."
„Daran soll es nicht liegen", schnurrte Katzen-
mutter Therese und sprang Brummhilde auf die
Schulter. Und dann sagte sie noch: „Ihr beiden
sorgt ab sofort für uns. Und ich", sie maunzte
glücklich, „ich sorge in Zukunft dafür, dass immer
genügend Katzen im Hause sind."
„Untersteh dich", sagte Ferdinand erschrocken.
„Vier Katzen im Hause sind nun wirklich genug."

„Was willst du denn dagegen machen", fragte
Therese nun schon ein wenig hochmütig.
„Ich bring meiner Brummhilde halt mal wieder
was mit", sagte Ferdinand. „Vielleicht vier Hunde."
„Vier Mäuse wäre besser", sagte Therese, ver-
sprach aber dann, es bei den vier Katzen im Hause
zu belassen.
„Versprochen?", fragte Ferdinand.
„Versprochen!", erwiderte Therese.
Ob sie ihr Versprechen halten wird?

Die überflüssige Malwine

Malwine ist eine schöne, aber nicht mehr ganz junge Katze. Sie gehörte zu einer lieben alten Frau,

die leider eines Tages starb und Malwine allein zurückließ. Der Sohn der alten Frau nahm alles, was seiner Mutter gehört hatte, an sich. Nur Malwine wollte er nicht. Er stieg mit ihr in ein Auto und fuhr weit, weit weg bis zu einer kleinen Stadt. Dort setzte er das Tier einfach aus. „So, überflüssige Katze, jetzt bin ich dich los", sagte er und fuhr davon.

Die arme Malwine aber saß da und wusste nicht weiter. Was sollte sie bloß hier? Sie kannte nicht eine einzige Katze in dieser fremden Stadt und erst recht keinen Menschen, der sie hätte bei sich aufnehmen und wohnen lassen können. Auf der Straße wollte sie aber nicht bleiben, deshalb lief sie erst einmal in den nächsten Vorgarten und setzte sich dort unter einen schönen alten Ahornbaum.

In dem Haus, zu dem der Vorgarten gehört, wohnt ein Junge. Er ist acht Jahre alt und heißt Primo. Das ist ein spanischer Name. Primo saß gerade am Fenster und sah hinaus, als Malwine so einsam und verlassen in den Vorgarten kam und sich unter den Ahornbaum setzte.

„Sieh mal, was
für eine herrliche
Katze", rief Primo ganz begeistert seiner Mutter
Sophia zu.
Und was sagte die? „Primo, du weißt doch, dass
ich keine Katzen mag. Es sind völlig überflüssige
Geschöpfe, wie Hunde übrigens auch."

28

Da war es wieder, das böse Wort „überflüssig".
Primo kannte es schon lange, denn sein Sportlehrer, Herr Hartmann, hatte es auch schon oft zu
ihm gesagt. Erst gestern wieder. „Primo, du bist
ein total überflüssiger Junge."

„Nein, bin ich nicht", hatte Primo widersprochen.
„Doch, das bist du!", sagte Herr Hartmann. „Wer
sich wie du so gar nichts traut im Sport, keinen
Sprung über den Kasten, keinen Klimmzug am
Reck – der ist total überflüssig."

Da hatte Primo nichts mehr gesagt. Nur noch
geschämt hatte er sich. Denn er traute sich
wirklich gar nichts. Seit Primo von einem Auto
angefahren worden und dabei fast ums Leben
gekommen war, traute er sich nichts mehr. Noch
nicht einmal auf die Straße zu gehen, traute
er sich. Immer saß er daheim am Fenster und
hatte Angst. Vor dem Sportunterricht und Herrn
Hartmann hatte Primo die allermeiste Angst.
Und wenn ihn seine Mutter nicht jeden Tag zur
Schule gefahren hätte – Primo wäre echt zu Hause
geblieben.

Der Junge stand jetzt auf und öffnete das Fenster.
„Weißt du was, Katze", rief er hinaus, „nicht nur du
bist überflüssig, ich bin es auch."
„Dann sind wir ja schon zu zweit", sagte Malwine
seufzend. „Es ist besser, zu zweit überflüssig zu
sein als allein."
„Am besten ist es, überhaupt nicht überflüssig
zu sein", erklärte Primo und Malwine musste ihm
Recht geben.
Dann aber holte der Junge heimlich etwas zu
futtern für die Katze und eine Schale Milch holte
er auch für sie. Du meine Güte,
hatte Malwine einen Hunger.
Sie futterte und schleckte,
dass es eine Freude
war, und sie freute
sich natürlich
sehr, so schnell
wieder einen
Freund gefunden
zu haben.

„Du könntest hier bleiben", sagte Primo.
„Wenn du es willst – ich bleibe gerne", erwiderte
Malwine. Und sie blieb auch wirklich. Doch
leider, ins Haus durfte Primo Malwine nicht
mitnehmen. Seine Mutter mochte einfach
keine Tiere im Haus.
Für Primo aber war es trotzdem gut, dass Malwine
da war. Wenn er nach der Schule nach Hause
kam, wartete die Katze schon auf ihn.
„Hast du heute was gelernt?", fragte Malwine und
Primo sagte dann immer: „Na ja, geht so."

32

„Dann lernst du jetzt noch was von mir", sagte Malwine und zeigte Primo, wie man mit zwei Sprüngen einen Ahornbaum hinauf und wieder herunterjagt.

„Das lerne ich nie", sagte Primo dann immer zur Katze und ging an seine Schularbeiten.

„Und ob du das lernst", erwiderte Malwine.

„Vielleicht nicht in zwei Sprüngen. Aber du wirst es schon noch schaffen."

Seit Malwine da war, merkte Primo, dass ihm das Leben viel mehr Spaß machte. Er freute sich jeden Tag auf seine Katze und meistens auch auf die Schule. Nur der Turnlehrer, Herr Hartmann, sagte noch immer überflüssige Sprüche zu ihm.

Malwines Leben jedoch wurde schwerer und schwerer. Die Nächte im Freien waren schon tüchtig kalt und die arme, überflüssige Katze fror oft so sehr, dass der Boden richtig unter ihr zitterte. Eines Nachts saß Malwine mal wieder unter einem Strauch und klapperte vor Kälte, dass es nur so eine Art hatte. Da sah sie, wie ein junger Mann seine brennende Zigarette über den Gartenzaun warf, genau in den Haufen trockenen Laubs, den Primo am Vortag zusammengekehrt hatte. Im Nu brannte der ganze Berg lichterloh. Das Feuer wurde immer größer und Malwine sah voller Sorge, wie es schon auf das Haus zumarschierte, in dem ihr Freund Primo und seine Mutter schliefen. Sofort sprang die Katze auf den Ahornbaum und begann dort so laut zu miauen und zu schreien, dass die Scheiben klirrten. „Feuer", maunzte Malwine, „Primo, bitte, wach ganz schnell auf." – Doch nicht Primo, sondern seine Mutter wachte als Erste auf. „Was sage ich immer", schimpfte sie ärgerlich, „Katzen sind total überflüssige Geschöpfe. So ein Geschrei zu machen mitten in der Nacht."

Nun war auch Primo erwacht und sah: Vor dem Fenster im Vorgarten züngelten schon die Flammen. Und auch er schrie sofort ebenso laut wie seine Malwine: „Feuer, Hilfe. Es brennt!"

Die Mutter und Primo rannten aus dem Haus auf die Straße und waren erst einmal gerettet. Die arme Malwine aber war es nicht. Sie saß zitternd auf dem Ahornbaum

und konnte nicht mehr herunter, denn das Gras rings um den alten Baum brannte nun auch. Jetzt kamen die Nachbarn aus den Häusern gerannt. Viele hatten nur ihre Schlafanzüge an, wieder andere nur Nachthemden, manche auch gar nichts.

„Ich gehe die Feuerwehr anrufen", jammerte die dicke Frau Otto von gegenüber und fuchtelte mit den Händen.

„Überflüssig", donnerte der Sportlehrer, Herr Hartmann, schneidig. „Sie ist bereits unterwegs."

Herr Hartmann wohnte nämlich auch in Primos Nachbarschaft.

„Können sie
meine
Malwine
nicht retten?",
bat Primo jetzt
Herrn Hartmann.
Doch der sagte: „Tut
mir Leid. Das Tier ist
nicht mehr zu retten."
Da rannte Primo los. Er
vergaß seine Angst,
sprang mit Riesen-
sätzen durch das
brennende Gras und
kletterte wie ein Eichhörnchen den
Baum hinauf zu seiner Malwine.
Einfach Wahnsinn, wie der tollkühne Primo von
Ast zu Ast sauste, um Malwine zu retten. Endlich
war er bei ihr, doch nun sah er es: Auch er konnte
nicht mehr zurück, denn die Flammen unten auf
dem Boden loderten höher und höher und fassten
schon beinahe nach ihm und Malwine. Da saßen

die beiden Freunde nun und rückten ganz eng
aneinander. Zum Glück aber kam jetzt endlich die
Feuerwehr und die super tapferen Feuerwehr-
männer holten Primo und seine Katze im letzten
Augenblick vom Baum herunter.

War das eine Freude bei Primos Mutter und bei seinen Nachbarn natürlich auch! Der Feuerwehr- hauptmann aber sagte feierlich zu dem Jungen: „Du solltest nicht Primo, sondern Prima heißen. Denn wer Tiere rettet, der ist ein ganz prima Typ."

„Und du bist eine ganz prima Katze", sagte Primos
Mutter jetzt zu Malwine und nahm zum ersten Mal
im Leben ein Tier auf den Arm: „Ich danke dir sehr,
dass du uns geweckt hast."

„Gern geschehen", erwiderte Malwine bescheiden
und leckte sich die rechte Pfote, die durch das
Feuer ein wenig angesengt war.

„Malwine ist überhaupt nicht überflüssig,
stimmt's?", sagte Primo jetzt.

„Ganz im Gegenteil", erwiderte Primos Mutter. „Ich
habe noch nie ein nützlicheres Tier als diese Katze
gesehen." Dann sagte sie zu Malwine: „Hättest
du vielleicht Lust, bei uns im Haus zu wohnen?"
Und ob Malwine Lust hatte. Sie zog noch in der-
selben Nacht bei Primo und seiner
Mutter ein. Den dreien geht es
seither sehr gut zusammen. Und
auch im Turnunterricht klappt es für
Primo jetzt viel besser. Er hat kaum
noch Angst und Herr Hartmann hat
nie wieder zu ihm gesagt: „Du bist
ein überflüssiger Bengel."

Das Katzenfest

Früher hatten die Kater von Katerstadt in Thüringen immer hinüber nach Hessen geheiratet, in das kleine Städtchen Katzenglück. Die Thüringer Kater liebten es sehr, eine Katze aus Hessen zur Frau zu nehmen. Sobald die Heiratszeit gekommen war, machte sich solch ein Thüringer Kater auf den Weg nach Hessen. Er überquerte die alte, steinerne Brücke über den Werrafluss und schon war er drüben. Die richtige Katzenfrau war bald gefunden.

Es sprach sich nämlich schnell herum, dass ein Kater, der heiraten wollte, unterwegs war. Denn ebenso gerne, wie die Thüringer Kater nach Hessen heirateten, liebten es die hessischen Katzen mit einem waschechten Thüringer eine Familie zu gründen.

Das blieb lange Zeit so, bis eines Tages die einzige Brücke, die von Katerstadt in Thüringen nach Katzenglück in Hessen führte, zusammenstürzte, und aus war es mit den Hochzeitsreisen ins Nachbarland.

Zwar versuchten einige todesmutige Kater noch hin und wieder schwimmend zu ihrer Liebsten zu kommen.

Doch solche Hochzeitsreise ging oft traurig aus
und nicht wenige Heiratskandidaten mussten in
dem reißenden Fluss ertrinken.
Eines Tages, es liegt jetzt etwa vier Monate zurück,
ging ein junger Kater mit Namen Otfried auf der
Thüringer Seite die Werra entlang. Die Aussicht auf
das andere Ufer war miserabel, jede Menge Büsche
und Sträucher versperrten
die Sicht. Kurz entschlossen
bestieg Otfried
nun einen Fels-
brocken und hatte
einen herrlichen Blick
hinüber auf die andere
Seite.

Schon nach kurzer Zeit entdeckte er etwas Gold-farbenes, Zierliches am anderen Ufer.

Otfried merkte plötzlich, wie ihm die Luft wegblieb, wie sein Herz ungestüm zu klopfen begann und wie sich sein stolzer Bart vom Kopf wegsträubte.

„Eine hessische Katze", murmelte er atemlos „und was für eine selten schöne." Und er bemerkte, wie ihn plötzlich die Liebe überkam. Schon überlegte er, ins Wasser zu springen und schwimmend zu ihr hinüberzueilen.

Jedoch gerade noch rechtzeitig fielen ihm all die schlimmen Geschichten von Thüringer Hochzeitskatern ein, die in der Werra ertrunken waren. So sprang er erst einmal nicht.

Stattdessen versuchte er, mit Gesang die Aufmerksamkeit der geheimnisvollen Schönen drüben im Hessischen zu gewinnen. Doch Otfrieds herrliche Stimme drang einfach nicht bis hinüber ans Ohr der Hessin. Das Rauschen des Wassers war zu stark.

Der Kater auf seinem Baum schlug jetzt – schwierig genug! – Purzelbäume und machte kraftvolle Männchen dazu.

Doch Gold, so hatte er die Katze wegen der pracht-
vollen Farbe ihres Fells bereits genannt, sah
einfach nicht herüber. Nun setzte Otfried seinen
letzten und stärksten Trumpf ein, den großen
Thüringer Katersalto. Er sprang so hoch er konnte,
stieß dabei seinen schönsten Liebesmaunzer
aus und drehte sich dreimal um die eigene Achse.
Doch noch immer hatte ihn die Goldene nicht
gesehen. Traurig, doch mit letztem Mut wagte
sich Otfried nun noch höher hinauf, bis in die
schwankende Krone seines Baumes, um einen
letzten Blick auf seine Katze zu werfen. „Alles
vergebens", sagte er zu den Blättern und Zweigen
um sich her. „Alles umsonst."
Da, auf einmal, entdeckte Otfried ein Spatzen-
pärchen. Unter seinem Bauch, durch den großen
Katersalto überrascht und gefangen, saßen die
beiden Vögelchen zwischen Otfrieds Pfoten.
Angstvoll und traurig äugten sie zu dem mächtigen
Kater über ihnen.
Der über sagte jetzt streng: „Habt ihr noch nie
einen Kater gesehen?"

„Doch", zwitscherte das Spatzenmädchen. „Aber immer nur aus sicherer Entfernung."
Der Spatzenmann jedoch sagte: „Reize ihn nicht noch. Vielleicht lässt er ja mit sich reden und verzichtet auf einen von uns."

„Und auf wen?", piepste das Spatzenmädchen. „Sicher hast du dir schon darüber Gedanken gemacht in deinem Spatzenhirn."

„Habe ich", erwiderte der Spatzenmann. „Er wäre gut beraten, auf mich zu verzichten. Ich bin viel zu mager. Alles nur Muskeln und Sehnen vom täglichen Training."

Zum Kater Otfried aber sagte er: „Sie hat wirklich niedliche Polster überall. Ein äußerst appetitliches Brüstchen und erst die kleinen Keulchen, olala."

Das Spatzenmädchen sagte nun gar nichts mehr. Es begann ganz jämmerlich zu piepsen und zu schluchzen. Otfried zwirbelte sich jetzt gerührt den Bart und bemerkte milde: „Weinen soll ja manchmal helfen, du Spatzenmädchen. Am liebsten würde ich genau das im Augenblick auch tun. Aber meine thüringische Katerwürde verbietet es. Du aber sei jetzt nicht mehr ängstlich. Ich werde euch keine Feder krümmen, obwohl es dieser fiese, treulose Spatzenmann nicht anders verdient hätte, als ratzeputz verspeist zu werden. Ich habe aber im Augenblick ganz andere Sorgen."

„Die kenne ich schon", sagte das Spatzenmädchen
dankbar. „Ich habe mir gerade in diesem Augenblick überlegt, wie dir zu helfen ist."
Mit diesen Worten erhob sie sich in die Lüfte
und flog über die Werra hinüber zur goldenen
hessischen Katze. In sicherer Entfernung von
ihr ließ sie sich nieder und piepste: „Herzlichste
Grüße aus Thüringen."
„Komm doch näher", sagte die Katze, „ich versteh
nicht ein einziges Wort von deinem Gepiepse."

„Bin ich verrückt?", fragte das Spatzenmädchen. „Sperre deine Katzenohren lieber auf. Also noch einmal: Herzlichste Grüße und Küsse von einem Thüringer Kater namens Otfried. Dort drüben kannst du ihn sehen."

Nun sah die goldene Katze wirklich außerordentlich interessiert hinüber zum Baum, von dem unser Freund zu ihr herüberschmachtete.

„Eine unglaublich interessante und stattliche Erscheinung", hauchte sie nach einiger Zeit der Betrachtung. „Mein Gott, dieser Kopf, die breite Brust, die muskulösen Beine. Wie würde man mich um einen solchen Kater hier in Hessen beneiden. Richte ihm bitte aus, liebste Spätzin, auch ich bin begeistert von ihm und wäre unter Umständen zur sofortigen Hochzeit bereit. Übrigens", fragte die Katze nun das Sperlingsmädchen, „ich habe noch nie gehört, dass ein Vogel einem Kater hilft. Ist das Ganze etwa nur ein Witz, den du hier mit mir veranstaltest?"

„Kein Witz, er hat darauf verzichtet, mich und meinen Spatzerich zu verspeisen", sagte das Spatzen- mädchen freundlich. „Deshalb helfe ich ihm jetzt."
„Stimmt etwas nicht mit ihm?", maunzte die Katze entsetzt. „Gleich auf zwei Spatzen zu verzichten. Ein normaler hessischer Kater würde so etwas nicht machen."
„Aber ein Thüringer wie er", erwiderte die Spätzin stolz. „Der ist nämlich außergewöhnlich und einmalig. Wie die Thüringer Spatzen übrigens auch – jedenfalls die meisten von ihnen", fügte sie seufzend hinzu.

Damit schwirrte sie nun wieder hinüber zu Otfried,
der atemlos und voller Spannung auf die Botschaft
der Goldenen wartete.

„Auch sie ist hin und weg von dir", berichtete das
Spatzenmädchen dem errötenden Kater. „Und sie
wäre zu einer Blitzheirat bereit. Zuerst einmal aber
musst du hinüber zu ihr kommen."

„Ich komme, meine goldene Mieze", rief Otfried
da zärtlich aus und sprang nun doch mit kühnem
Satz ins Wasser. Der Ärmste musste sofort um
sein Leben schwimmen. Die Mitte des Flusses war

zwar bald erreicht, doch Otfrieds Kraft ließ immer
mehr nach. „Ich werde sie wohl nie streicheln
und in meine zärtlichen Krallen nehmen können",
maunzte er, wollte schon aufgeben und in den
kalten Fluten versinken. Da hörte er die Stimmen
des Spatzenmädchens und des Spatzerichs: „Gib
nicht auf, stolzer Thüringer Kater. Schwimm weiter.
Du schaffst es."
Mit allerletzter Anstrengung gelangte Kater Otfried
endlich ans rettende hessische Ufer. Gold hatte

atemlos gewartet und übernahm nun tagelang auf-
opferungsvoll die Pflege des Geliebten. Otfried
fühlte sich schon bald wie im siebten Himmel. Nur
über eine einzige Sache gab es ständig Streit. Und
das war die Ernährung.

Den schlaffen Otfried verlangte es nach kräftiger
Thüringer Hausmannskost: Kartoffelklöße mit
Soße und doppelter Roulade oder Hühnerkeulen
in Sahne.

Gold dagegen setzte auf andere, auf honigsüße
Nahrung. Sie fütterte Otfried mit Gummibärchen
und edlem Marzipan, mit Vollmilchschokolade und
kandierten Nüssen.

„Wer soll denn so was fressen?", maunzte Otfried
verzweifelt. Er wurde jeden Tag schwächer und
immer unglücklicher dazu.

Eines Tages endlich hatte er genug und versuchte
zu fliehen, zurück zu seiner geliebten Thüringer
Leberwurst, den saftigen Koteletts und den
köstlichen Thüringer Rostbräteln. Auf schwachen
Beinen taumelte er zurück zur Werra und hätte
sich, von Heimweh und Hunger geplagt, fast in die

reißenden Fluten gestürzt. Doch Gold war rechtzeitig zur Stelle und holte ihn zurück. Und schon
bald hatten sich die beiden Liebenden auf eine
Ernährung, die beiden etwas bot, geeinigt. Als
erstes großes Essen nach Otfrieds Fluchtversuch
bereitete Gold für ihren Geliebten echte Thüringer
Schweinsrouladen zu. Allerdings in Schokoladen-
soße.

„Damit kann man leben", sagte Otfried, nachdem
er gesättigt war und Gold sagte dasselbe.

Dann endlich fand die Hochzeit statt, ein riesiges
Fest.

Es war eines der bedeutendsten Ereignisse in der
Katzenwelt. Das Fernsehen berichtete in Sonder-
sendungen, insgesamt sieben Stunden live. Als
besondere Gäste waren auch zwei Vögel geladen.
Doch die lehnten die Einladung dankend ab. So
sehr Otfried und Gold auch baten, den Spatzen
sogar Ehrenplätze auf der Hochzeitstafel ver-
sprachen, die beiden waren nicht zu bewegen,
die Einladung anzunehmen. „Termine", sagten
sie, „leider unaufschiebbare Termine."

Aus sicherer Entfernung aber, von einer mächtigen Tanne aus, beobachteten sie mit vergnügten Spatzenaugen das große hessisch-thüringische Katzenfest.

Geschichten zum fröhlichen Schmökern

Werner Färber/Iris Hardt
Vampirgeschichten
Bissig geht es zu – und witzig sowieso! Eine Vampir-Dame will nicht mehr im gleichen Sarg mit ihrem Mann schlafen, weil er schnarcht. Ein Vampir mit bestem Gebiss wird Werbe-star. Victor Vampinello und Vera Beißdichkova treiben ihr Unwesen usw.

ISBN 3-473-**34455**-9

Jo Pestum/Fred Ruillier
Fußballgeschichten
Bastian klaut seinem Bruder einen Lederball, damit er nicht mehr mit dem doofen Plastikball spielen muss. Als die Jungs von der Astrid-Lindgren-Schule gegen die „Kästner" spielen, kriegen sie keinen Ball ins Netz. Der Kästner-Torwart ist – ein Mädchen!

ISBN 3-473-**34456**-7

Peter Abraham/
Wilfried Gebhard
Piratengeschichten
Weil Joe nur Unsinn im Kopf hat, schickt ihn sein Vater zum strengen Kapitän Dodel-kog aufs Schiff. Mary und Esther werden, als Jungs verkleidet, Flusspiraten. Esmeralda, von Piraten gefangen, verliebt sich in den Schiffsjungen.

ISBN 3-473-**34457**-5

Gute Idee.

Ravensburger